BEI GRIN MACHT SICH IH
WISSEN BEZAHLT

- Wir veröffentlichen Ihre Hausarbeit,
  Bachelor- und Masterarbeit

- Ihr eigenes eBook und Buch -
  weltweit in allen wichtigen Shops

- Verdienen Sie an jedem Verkauf

Jetzt bei www.GRIN.com hochladen
und kostenlos publizieren

Christian Sander, Jan Köllnberger, Viktor Wiederkehr

Aus der Reihe: e-fellows.net stipendiaten-wissen

e-fellows.net (Hrsg.)

Band 953

Rechnergestützte Gruppenarbeit an der UniBw München. Analyse der aktuellen Nutzung und des zukünftigen Bedarfs

GRIN Verlag

Bibliografische Information der Deutschen Nationalbibliothek:

Die Deutsche Bibliothek verzeichnet diese Publikation in der Deutschen National-
bibliografie; detaillierte bibliografische Daten sind im Internet über http://dnb.d-
nb.de/ abrufbar.

Impressum:

Copyright © 2014 GRIN Verlag GmbH
Druck und Bindung: Books on Demand GmbH, Norderstedt Germany
ISBN: 978-3-656-70326-6

Dieses Buch bei GRIN:

http://www.grin.com/de/e-book/276604/rechnergestuetzte-gruppenarbeit-an-der-
unibw-muenchen-analyse-der-aktuellen

GRIN - Your knowledge has value

Der GRIN Verlag publiziert seit 1998 wissenschaftliche Arbeiten von Studenten, Hochschullehrern und anderen Akademikern als eBook und gedrucktes Buch. Die Verlagswebsite www.grin.com ist die ideale Plattform zur Veröffentlichung von Hausarbeiten, Abschlussarbeiten, wissenschaftlichen Aufsätzen, Dissertationen und Fachbüchern.

Besuchen Sie uns im Internet:

http://www.grin.com/

http://www.facebook.com/grincom

http://www.twitter.com/grin_com

UNIVERSITÄT DER BUNDESWEHR

MÜNCHEN

Fakultät für Betriebswirtschaft

Projektarbeit im Wahlpflichtmodul
Rechnergestützte Gruppenarbeit

der Studienrichtung „Strategische Kommunikation"
im Masterstudiengang „Medien und Management"

Rechnergestützte Gruppenarbeit an der UniBw München: Analyse der aktuellen Nutzung und des zukünftigen Bedarfs

Von: Jan Köllnberger
              Christian Sander
              Viktor Wiederkehr

Beginn: 01. März 2014
Abgabe: 23. Mai 2014

Literaturverzeichnis

1 Einleitung

In der heutigen Informationsgesellschaft wird die Zusammenarbeit von Menschen immer bedeutsamer. Das liegt nicht nur an der zunehmenden Spezialisierung, sondern auch an der Unmöglichkeit, dass eine Person alle notwendigen Informationen verfügbar haben kann. Letzteres gilt insbesondere für Aufgaben, die ein Experte nicht alleine bewältigen kann, da z.B. verschiedene Sachgebiete tangiert werden. Folglich müssen sich unterschiedliche Experten in Projektteams zusammenschließen, um eine ganzheitliche Lösung zu finden. Obwohl die Möglichkeit besteht, persönliche Treffen zum Informationsaustausch zu organisieren, ist dies bei räumlich verstreuten Teams zeit- und kostenintensiv.

Eine mögliche Lösung bietet die rechnergestützte Gruppenarbeit (engl.: Computer-Supported Cooperative Work (CSCW)). Sie ist besonders interessant für Wissenschaftler, da diese zunehmend interdisziplinär arbeiten und forschen. Dafür müssen u.a. relevante Informationen mit anderen Teammitgliedern geteilt werden, was CSCW-Systeme ermöglichen. Wegen dieser Relevanz von CSCW für die Wissenschaft und die Forschung, stellt sich die **Frage**, inwieweit und wie Wissenschaftler im universitären Kontext auf CSCW-Systeme zurückgreifen.

Die **Zielsetzung** dieser Arbeit ist es, dies für den Geltungsbereich der Universität der Bundeswehr München herauszufinden: Deshalb wird die aktuelle Nutzung von CSCW-Systemen im Angebot des Rechenzentrums der Universität der Bundeswehr München durch Wissenschaftler untersucht. Dadurch soll ein Rückschluss auf die Zweckmäßigkeit der angebotenen Systeme erlaubt und mögliche Lücken im Angebot aufgedeckt werden. Gleichfalls soll erforscht werden, welchen zukünftigen Bedarf Wissenschaftler an der Universität der Bundeswehr haben. Dadurch sollen mögliche Veränderungsbedarfe aufgedeckt werden.

Zur Erreichung der Zielsetzung wird in der vorliegenden Projektarbeit zuerst auf die theoretischen Grundlagen von CSCW eingegangen. **Kapitel 2** befasst sich zunächst allgemein mit CSCW und anschließend mit CSCW-Systemen. Dadurch soll ein Verständnis geschaffen werden, was im Sinne dieser Projektarbeit unter CSCW verstanden wird und was darunter subsumiert werden kann. Anschließend werden die Chancen und Risiken von CSCW erläutert, um das

Potenzial aufzuzeigen und ein Bewusstsein für mögliche Risiken zu schaffen. Die Fragestellung der vorliegenden Arbeit zielt auch auf zukünftige Bedarfe von Nutzern ab, weshalb es sinnvoll ist, bereits bekannte Trends von CSCW aufzuzeigen. An diesen kann erkannt werden, wo CSCW zukünftig innovative Unterstützungsmöglichkeiten bieten könnte. Diese Trends könnten auch für Wissenschaftler der Universität der Bundeswehr sinnvolle Systeme hervorbringen.

Nachdem Kapitel 2 den allgemeinen Rahmen von CSCW aufzeigt und definiert, werden im **Kapitel 3** zwei Möglichkeiten der **Klassifikation von CSCW-Systemen** vorgestellt. Dies ist für die Zielerreichung notwendig, um die Systeme des Rechenzentrums klassifizieren zu können. Dadurch können Lücken im Angebot aufgedeckt und eventuell vorhandene Doppelbelegungen identifiziert werden. In **Kapitel 4** wird eine **Dokumentenanalyse** der Homepage des Rechenzentrums der Universität der Bundeswehr vorgenommen. Die im Angebot befindlichen CSCW-Systeme werden dargestellt und auf Grundlage der im Kapitel 3 definierten Klassifikationsraster in Klassen eingeordnet. Das Kapitel liefert somit einen Beitrag dazu, einen differenzierten Überblick über die CSCW-Systeme im Angebot des Rechenzentrums sowie deren Nutzungs- bzw. Einsatzmöglichkeiten zu bekommen. Das **Kapitel 5** stellt den empirischen Teil der Projektarbeit dar und soll Aufschluss über die aktuelle Nutzung von CSCW-Systemen durch Wissenschaftler an der Universität der Bundeswehr geben. Jedoch sollen die Wissenschaftler der Universität, womit Professoren, wissenschaftliche Mitarbeiter und Studenten gemeint sind, nicht direkt befragt werden. Vielmehr wird die **aktuelle Nutzung von CSCW-Systemen** durch die Wissenschaftler beim zentralen Anbieter von Unterstützungslösungen, dem **Rechenzentrum** der Universität, erhoben und ein möglicher, **zukünftiger Bedarf** der Nutzer erfragt. Somit stehen die Wünsche und Bedürfnisse von Wissenschaftlern im Fokus, die an das Rechenzentrum herangetragen werden und diesem bekannt sind. Dazu wird ein Experte des Rechenzentrums im Rahmen eines **Experteninterviews** befragt. Durch die Ergebnisse dieser Arbeit können IT-Verantwortliche, Planer und Entscheider sowie das Rechenzentrum als Organisation profitieren: Beispielsweise können bestehende Wünsche bedarfsgerecht erfüllt oder kaum genutzte Angebote rationalisiert werden. In **Kapitel 6** wird ein **Fazit** gezogen und **Handlungsempfehlungen** gegeben.

2   Computer-Supported Cooperative Work

Unter dem Begriff „Computer-Supported Cooperative Work" (CSCW) versteht man die **Unterstützung von Zusammenarbeit**. Dabei steht die soziale Interaktion im Mittelpunkt, welche durch die Computerunterstützung verbessert werden soll. CSCW ist jedoch kein eigenständiges Fachgebiet, vielmehr handelt es sich um einen **interdisziplinären Ansatz**, der nicht nur durch die Informatik und die Wirtschaftsinformatik, sondern z.B. auch durch die Sozial- und Geisteswissenschaften geprägt wird.[1]

In der Fachliteratur finden sich zahlreiche unterschiedliche Definitionen zu CSCW. Jedoch ist den meisten Definitionen gemeinsam, dass sie auf die Zusammenarbeit sowie die **Unterstützung durch Technologie** abzielen. Zum Beispiel definiert *Wilson* CSCW folgendermaßen: „CSCW is a generic term which combines the understanding of the way people work in groups with the enabling technologies of computer networking, and associated hardware, software, services and techniques."[2]

Hinzu kommt, dass es zahlreiche Synonyme zu CSCW gibt. In der englischen Fachliteratur werden z.B. Workgroup Computing, Collaborative Computing oder Computer Supported Groups verwendet. Im deutschsprachigen Raum hat sich der Begriff rechnergestützte Gruppenarbeit etabliert.[3]

Unabhängig von der konkreten Bezeichnung, verfolgt CSCW das Ziel, die **Kommunikation zwischen Menschen**, die sich nicht in unmittelbarer räumlicher Nähe zu einander befinden, **zu verbessern** und effizienter zu gestalten. In diesem Zusammenhang stellt die Benutzung von Rechnern ein Bindeglied in der Kommunikation zwischen Menschen dar. Der Technikeinsatz muss daher klar und einfach gestaltet werden, um eine hohe Nutzerfreundlichkeit zu erreichen.[4] Weitere Ziele von CSCW sind kürzere Entwicklungszeiten von Produkten zu fördern, die Informationsübertragung zu beschleunigen und den Wissenstransfer, z.B. innerhalb eines Unternehmens, zu verbessern. Gleichzeitig soll der Verwaltungsaufwand durch CSCW reduziert werden.[5]

---

[1]   Vgl. Borghoff/ Schlichter (1998): S. 94 und Gross/ Koch, (2009): S. 5.
[2]   Wilson (1991): S. 1.
[3]   Vgl. Borghoff/ Schlichter (1998): S. 92.
[4]   Vgl. ebd.: S. 94.
[5]   Vgl. Schlichter (31.03.2014): S. 14.

2.1 CSCW-Systeme bzw. Groupware

Ein Begriff der im engen Zusammenhang zu CSCW steht, ist Groupware. Im Gegensatz zu CSCW, welches das universelle Arbeitsgebiet und die dazugehörigen Forschungsfelder beschreibt, bezeichnet Groupware die dazu passenden **Systemlösungen**.[6]

Zu Groupware oder CSCW-Systemen kann festgehalten werden, dass diese Systeme durch verschiedene Medien die **zwischenmenschliche Kommunikation** unterstützen, zu einer besseren **Koordination von Aufgaben** zwischen den verschiedenen Gruppenmitgliedern beitragen und die **Zusammenarbeit an gemeinsamen Objekten** ermöglichen. Der Aufbau dieser drei Interaktionsformen ist dabei aufeinander abgestimmt.[7]

Das wichtigste Merkmal von Groupware ist, dass die Benutzer über verschiedene Veränderungen im System informiert werden, wenn solche durch andere Benutzer vorgenommen wurden. Dies ist der wesentliche Unterschied zu anderen Mehrbenutzersystemen.[8]

Groupware umfasst jedoch mehr als die Software zur Unterstützung von Gruppen, sondern auch die dazu notwendige Hardware und Services. In Bezug auf die Software kann konstatiert werden, dass die Unterschiede zwischen Groupware und Einzelbenutzeranwendungen geringer werden, da immer mehr Anwendungen eine Kooperationsunterstützung beinhalten.[9]

Grundsätzlich ermöglicht Groupware eine synchrone und asynchrone Kommunikation. Bei der **synchronen Kommunikation** findet der Kommunikationsaustausch zwischen den Kommunikationspartnern ortsunabhängig und gleichzeitig statt, dazu gehören z.B. Konferenzsysteme.[10]

Asynchrone Kommunikation ist die Kommunikation zwischen Menschen, die sowohl räumlich getrennt als auch zu unterschiedlichen Zeiten im System arbeiten und sich austauschen wollen. Hier werden Kommunikationsprozesse unterstützt, die mit anderen Medien nur schwer zu realisieren wäre. Dazu zählen u.a. E-Mail-Systeme oder Newsgroups.[11]

---

[6] Vgl. Borghoff/ Schlichter (1998): S. 88f.
[7] Vgl. Riemer (2009): S. 10.
[8] Vgl. Borghoff/ Schlichter (1998): S. 88f und Gross/ Koch (2009): S. 10f.
[9] Vgl. Borghoff/ Schlichter (1998): S. 95; Schwabe (2001): S. 287; Gross/ Koch (2009): S. 6f; Richter (2010): S. 25 und Schlichter (31.03.2014): S. 12.
[10] Vgl. Schwabe (2001): S. 159f.
[11] Vgl. Schwabe (2001): S. 167; Binder (31.03.2014): S. 1 und Gross/ Koch, (2009): S. 113f.

Für Groupware gibt es eine Vielzahl an Beispielen. So zählen zur Groupware verschiedene Systeme, die den gemeinsamen Arbeitsbereich zum Austausch von Dokumenten unterstützen und die eine Awareness-Unterstützung enthalten. Zu den einfachsten CSCW-Systemen zählt ein gemeinsamer Kalender oder eine gemeinsame Datenbank, die ein Kontakt- und Projektmanagement enthält. Zu solchen Systemen zählt zum Beispiel das System BSCW oder Microsoft SharePoint Team Services. Zudem gibt es andere Lösungen von Portal-Anbietern wie z.B. Plumtree, Oracle oder SAP. Weiterhin existieren besondere Unternehmen wie z.B. Teamspace, die sich auf virtuelle Teamräume spezialisiert haben. Als Beispiele für kostenfreie Lösungen sind die Systeme OpenGroupware oder Kolab zu nennen.[12]

All diese CSCW-Systeme bergen Chancen und Risiken zu gleich, die im folgenden Unterkapitel näher betrachtet werden.

2.2 Chancen und Risiken von CSCW

Die Nutzung von CSCW-Systemen verbessert die **Flexibilität** von Unternehmen, da Hierarchieebenen übersprungen werden können und somit die **Informationswege kürzer** werden. Dies begünstigt wiederum den Informationsfluss und kann zu **schnelleren Entscheidungen** führen. Somit kann schneller, flexibler und effizienter auf Veränderungen eingegangen werden. Des Weiteren werden durch neu eingeführte Systeme neue Kommunikations- und Kooperationsmöglichkeiten geschaffen. So können verschiedene Kompetenzen von Gruppenmitgliedern genutzt werden, was die Realisation von Synergieeffekten ermöglicht.[13] Hinzu kommt die Tatsache, dass sich nicht alle Mitarbeiter zur selben Zeit am selben Ort befinden können, wie z.B. bei **neuen Arbeitsmodellen** wie der Telearbeit. Dadurch wird die Kommunikation erschwert. Jedoch lassen sich selbst in einer solchen Konstellation Daten mit Hilfe von Computern austauschen.[14]

Des Weiteren kann durch synchrone Kommunikation die gemeinsame Bearbeitung von Daten gleichzeitig und in Realzeit erfolgen. Selbst wenn sich nicht alle Gruppenmitglieder am selben Ort befinden, kann so ein einheitlicher Wissens-

---

[12] Vgl. Gross/ Koch (2009): S. 114.
[13] Vgl. Borghoff/ Schlichter (1998): S. 90f.
[14] Vgl. ebd.: S. 94.

und Arbeitsstand gepflegt werden. So werden z.B. Sitzungen produktiver, da wichtige Informationen allen Teilnehmern interaktiv gezeigt werden können.[15] Durch CSCW-Systeme kann die **Nutzung von mehreren Endgeräten** entfallen, da diese Systeme über den Computer funktionieren und verschiedene Kommunikationsmöglichkeiten miteinander verbinden, ohne die Kommunikation innerhalb des Unternehmens zu verschlechtern.[16]

Jedoch dürfen auch die **Risiken** von CSCW-Systemen nicht außer Acht gelassen werden. Diese können zu einem **Sicherheitsrisiko** führen, wenn Eindringlingen die gesamte Informationsmenge zur Verfügung steht. Ebenfalls gibt es bei den CSCW-Systemen nur wenige Standards, welche die kombinierte Nutzung von unterschiedlichen Systemen ermöglichen. Zudem müssen die Benutzer eine **spezielle Schulung** erhalten, um mit den häufig nicht kostengünstigen Systemen adäquat umgehen zu können. Erfolgt diese Schulung nicht, kann es zu Koordinationsproblemen kommen. Auch ist eine Ablehnung des Systems durch die Nutzer möglich, da sich diese nicht mit dem System auseinandersetzen und es somit nicht nutzen, wenn es zu Komplex erscheint.[17]

Aufgrund der genannten Chancen ist das Thema CSCW für Unternehmen und Organisationen interessant. Daher entwickelt sich der Markt um CSCW stetig weiter. Diese Entwicklung ist jedoch noch nicht abgeschlossen. Im folgenden Unterkapitel werden deshalb einige Trends von CSCW-Systemen erläutert.

2.3   Trends von CSCW-Systemen

Den Trend zum sozialen Vernetzen gibt es nicht nur im Web, sondern auch bei CSCW-Systemen. Daher werden im Folgenden einige dieser Trends aufgegriffen und näher beschrieben.

Um eine größere Akzeptanz für CSCW-Systeme erreichen zu können und Skeptiker von Groupware zu überzeugen, müsste die Integration von Computern in die Arbeitsumgebung durch eine höhere Benutzerfreundlichkeit erreicht werden. Diese würde auf einer Ubiquitous Computing-Infrastruktur aufsetzen.[18]

Der Begriff „**Ubiquitous Computing**" wurde von *Weiser* geprägt. Er wollte damit ausdrücken, dass sich unsere Umgebung mit unsichtbaren Computern ver-

---

[15] Vgl. ebd.: S. 134.
[16] Vgl. Schlichter (31.03.2014): S. 14f.
[17] Vgl. Borghoff/ Schlichter (1998): S. 134.
[18] Vgl. Gross/ Koch, (2009): S. 159.

bindet. Das heißt, dass die Nutzung von Computern selbstverständlich wird und dass die Rechner als solche nicht mehr wahrgenommen werden. Der Begriff „ubiquitous" bedeutet soviel wie allgegenwärtig.[19] Das Konzept des Ubiquitous Computing sieht die Verfügbarkeit von öffentlich zugänglichen Rechnern in der Umgebung zu jeder Zeit vor z.B. in Tische oder Wände integrierte Rechner.

Daneben existiert das Konzept des **Mobile Computing**, das bereits in der Praxis vorzufinden ist. Bei Mobile Computing hat der Benutzer einen portablen Rechner bei sich, um bestimmte Aufgaben zu erledigen. In Sonderfällen können solche mobilen Geräte auch in die Kleidung integriert werden.[20]

Durch diese beiden Konzepte könnte die Reichweite von CSCW-Systemen erhöht werden. Ebenfalls würde die Nutzungshürde sinken, wodurch auch eine größere Zielgruppe erreicht werden könnte.[21]

Ein weiterer Trend, der stetig an Bedeutung gewinnt, ist die sog. **Social Software**. Darunter ist die Nutzung von Wikis, Weblogs und Social Networking Services gemeint. Somit können aus Informationskonsumenten auch Informationsproduzenten werden, die freiwillig eigene Beiträge in Wikis und Weblogs einpflegen können. Damit rücken die Bedürfnisse der Nutzer stärker als bisher in den Mittelpunkt. Ein weiteres wichtiges Merkmal von Social Software ist die Nutzungsoffentheit, die dem Nutzer viele Freiheiten ermöglicht[22]: So gibt es viele verschiedene Möglichkeiten der Verwendung von Social Software und jeder Nutzer kann die Software gemäß seinen eigenen Präferenzen anwenden und in seine Arbeitspraktiken einbinden. Jedoch birgt diese Offenheit auch die Gefahr, dass der Nutzer das Potenzial und den Nutzen für sich nicht entdeckt und diese dann auch nicht benutzt.[23]

Zur Social Software zählt auch der Begriff **Social Networking Services** (SNS). Diese Form von Anwendungssystem kommt aus dem Segment der rechnergestützten Gruppenarbeit und wird zur Verwaltung des eigenen Profils sowie zur Kontaktpflege genutzt. Somit baut sich der Benutzer ein eigenes Identitätsmanagement auf, indem er sein Profil und seine vernetzten Kontakte pflegt.[24]

Nach diesen allgemeinen Ausführungen zu CSCW wird im nächsten Kapitel auf Möglichkeiten der Klassifizierung von CSCW-Systemen eingegangen.

---

[19] Vgl. ebd.: S. 150.
[20] Vgl. ebd.: S. 149f.
[21] Vgl. ebd.: S. 159.
[22] Vgl. Richter (2012): S. 1.
[23] Vgl. ebd.: S. 19.
[24] Vgl. ebd.: S. 245.

3   Klassifizierung von CSCW-Systemen

Um CSCW-Systeme genauer klassifizieren zu können, gibt es unterschiedliche Ansätze. Hier sollen nun zwei Möglichkeiten und deren Ausprägungen genauer dargestellt werden. Zum einen wird die **Klassifizierung nach der Funktion** von CSCW-Systemen vorgenommen und zum anderen die Klassifizierung nach dem **3K-Modell**. Die funktionelle Klassifizierung von CSCW-Systemen fokussiert sich dabei auf die Nutzung bzw. Anwendung dieser. Dabei gibt es folgende Anwendungsklassen:

- Nachrichtensysteme,
- Gruppeneditoren,
- elektronische Sitzungsräume,
- Konferenzsysteme,
- gemeinsame Informationsräume,
- intelligente Agentensysteme und
- Koordinationssysteme.

Es gilt dabei zu beachten, dass sich diese Klassen nicht gegenseitig ausschließen, so kann ein Konferenzsystem beispielsweise auch ein Nachrichtensystem beinhalten, welches die Kommunikation mit nicht anwesenden Personen ermöglicht.[25]

Unter **Nachrichtensystemen** versteht man den zeitlich unabhängigen Austausch von textbasierten Nachrichten, wobei durch den technischen Fortschritt auch das Versenden von Bild-, Audio- oder Videodateien möglich ist. Darüber hinaus bieten Nachrichtensysteme häufig weitere Funktionalitäten wie z.B. Filter- oder Speicherfunktionen sowie Adressbücher.[26]

Gruppeneditoren dienen dazu, zeitgleich oder zu unterschiedlichen Zeiten gemeinsam an einem Projekt z.B. einem Dokument zu arbeiten. Dabei haben alle teilnehmenden Gruppenmitglieder die Möglichkeit selbst an der Bearbeitung und Erstellung der Datei mitzuwirken. Wichtig ist, dass nur eine Person aktuelle Änderungen durchführt, während alle anderen diese sehen können. Bei

---

[25] Vgl. Borghoff/ Schlichter (1998): S. 121 und Gross/ Koch (2009): S. 54.
[26] Vgl. Borghoff/ Schlichter (1998): S. 122 und Gross/ Koch (2009): S. 54.

der Bearbeitung zu unterschiedlichen Zeiten erhalten die Gruppenmitglieder Benachrichtigungen zu zwischenzeitlich durchgeführten Änderungen.[27]

Elektronische Sitzungsräume sind darauf ausgelegt, dass sich alle teilnehmenden Gruppenmitglieder im selben Raum befinden. Dabei werden die Sitzungen und Arbeitsgruppen durch elektronische Medien unterstützt, hierfür eignen sich klassische Rechnerarbeitsplätze. Diese sind speziell dafür ausgestattet gemeinsames Arbeiten und Kommunizieren zu unterstützen und zu erleichtern. Eine zusätzliche Variante der elektronischen Unterstützung ermöglicht es die Entscheidungsfindung und Ideengenerierung zu vereinfachen und zu beschleunigen. Über die Rechnersysteme haben die Teilnehmer die Möglichkeit anonym Vorschläge einzubringen, abzustimmen und sich Abstimmungen und Auswertungen schnell und aktuell ausgeben zu lassen.[28]

Konferenzsysteme sind sehr vielfältige Systeme mit einem weitreichenden Einsatzspektrum. Man unterscheidet dabei grob Computer-, Video- bzw. Telefonkonferenzen und Desktopkonferenzen. **Computerkonferenzen** ermöglichen eine zeitgleiche Kommunikation, aber auch eine Kommunikation zu verschiedenen Zeiten. Das heißt die Gruppenteilnehmer können zur gleichen Zeit miteinander kommunizieren, sprich sind alle zur selben Zeit an ihren Rechnerarbeitsplätzen. Rechnerkonferenzen zu unterschiedlichen Zeiten erfordern kein gleichzeitiges Arbeiten am Rechner, dies ist in der Regel die Kommunikation via E-Mail oder ähnlichem. Hier ist zusätzlich der Austausch von elektronischen Informationen wie z.B. Dokumenten möglich. **Video- bzw. Telefonkonferenzen** stellen eine Audio- bzw. Videoverbindung zwischen verschiedenen Teilnehmern einer Konferenz her und unterstützen somit die Kommunikation und den Austausch zwischen den Teilnehmern. Diese Konferenzarten beschränken sich allerdings nur auf den mündlichen Austausch von Informationen. Eine Kombination aus den beiden, zuvor genannten Konferenzarten stellt die **Desktopkonferenz** dar. Diese vereint die Kommunikation via Telefon bzw. Video mit dem Austausch und dem Bearbeiten von elektronischen Informationen. Es ist somit möglich, dass die Gruppenteilnehmer Änderungen in einem Dokument via Videoverbindung besprechen und diskutieren und die Änderungen parallel im Dokument präsentieren bzw. vollziehen.[29]

---

[27] Vgl. Borghoff/ Schlichter (1998): S. 123 und Gross/ Koch (2009): S. 54.
[28] Vgl. Borghoff/ Schlichter (1998): S. 123f und Gross/ Koch (2009): S. 55.
[29] Vgl. Borghoff/ Schlichter (1998): S. 124f und Gross/ Koch (2009): S. 55.

Gemeinsame Informationsräume ermöglichen es den Gruppenteilnehmern ihre gemeinsamen Dokumente zu verwalten, auszutauschen und gemeinsam zu bearbeiten. Das Hauptaugenmerk liegt hier aber auf der Verwaltung, also dem Speichern, Teilen und Filtern. Gemeinsame Informationsräume werden über unterschiedliche und individuelle Zugriffsmechanismen geregelt. So haben z.b. bestimmte Gruppenmitglieder nur eingeschränkten Zugriff auf bestimmte Dokumente oder dürfen diese zwar lesen, aber nicht bearbeiten bzw. löschen. Nicht nur die Verwaltung von Dokumenten ist hierunter zu verstehen, sondern auch die Verwaltung von Informationen und Know-how der Arbeitsgruppe.[30]

Intelligente Agentensysteme sind Computerprogramme, welche die Position nicht anwesender oder zusätzlicher Sitzungsteilnehmer einnehmen. Sie sind also keine realen Personen, allerdings sind diese intelligenten Computerprogramme in der Lage Aufgaben wahrzunehmen, die sonst von menschlichen Gruppenteilnehmern wahrgenommen werden.[31]

Koordinationssysteme unterstützen das zumeist zeitversetzte Arbeiten unterschiedlicher Bearbeiter an einem Dokument, Projekt oder einer Projektphase. Sie dokumentieren den Workflow und unterstützt dabei verschiedene Teilabschnitte korrekt und gemäß der jeweiligen Zuständigkeit zu bearbeiten, bevor der nächsten Bearbeiter an der Reihe ist. Darüber hinaus ermöglichen Koordinationssysteme das Dokumentieren mündlicher Absprachen und können Kommunikationsstrukturen und deren gängige Interaktionen beinhalten bzw. abbilden.[32]

Beim **3K-Modell** wird die Intensität der Zusammenarbeit als Bezugspunkt herangezogen. So lassen sich viele CSCW-Systeme einem der drei K's **K**ommunikation, **K**oordination und **K**ooperation zuteilen. Hierbei verschwimmen die Grenzen zwischen den drei K's, wie auch bei der funktionellen Klassifizierung, da viele CSCW-Systeme unterschiedliche Ausrichtungen und Schwerpunkte haben und häufig für mehrere Nutzungszwecke geschaffen wurden.[33]

Beim ersten K spricht man von **Kommunikation** bzw. Kommunikationsunterstützung. Kommunikation dient dem Austausch und somit der Nivellierung von Informationen der Gruppenteilnehmer. Diese Kategorie enthält CSCW-Systeme, die den zeitgleichen oder zeitunabhängigen Austausch von Informati-

---

[30] Vgl. Borghoff/ Schlichter (1998): S. 125 und Gross/ Koch (2009): S. 56.
[31] Vgl. Borghoff/ Schlichter (1998): S. 126 und Gross/ Koch (2009): S. 56.
[32] Vgl. Borghoff/ Schlichter (1998): S. 126f und Gross/ Koch (2009): S. 57.
[33] Vgl. Borghoff/ Schlichter (1998): S. 127 und Gross/ Koch (2009): S. 53.

onen ermöglichen. Zu diesen Systemen gehören also Medien der Text-, Audio-sowie Videokommunikation, also z.B. E-Mail, Chatrooms, Telefonkonferenzen oder Foren. Dabei gilt es zu beachten, dass die einzelnen Kanäle auch in Kombination möglich sind oder durch Funktionen aus den anderen beiden K's erweitert werden können.[34]

Der nächste Schritt nach der Kommunikation ist die **Koordination**. Sie ist das zweite K. CSCW-Systeme lassen sich auch in diese Kategorie einteilen, wobei es sich dann um Systeme der Koordinationsunterstützung handelt. Diese Systeme dienen der Koordination von Arbeit und Arbeitsprozessen zwischen Gruppenmitgliedern. Dabei koordinieren diese u.a. Absprachen und Abstimmungen, Termine, Arbeitsabläufe und Entscheidungsprozesse. Koordinationssysteme können auch das erste K, also die Kommunikation, koordinieren, indem sie Datenbanken und Möglichkeiten zur Verfügung stellen, um geeignete Kooperationspartner bzw. Experten sowie deren Erreichbarkeit und Kontaktinformationen zu finden. Koordinationsysteme können den Dateiaustausch dahingehend unterstützen, dass sie gemeinsame Archive zur Verfügung stellen und somit den Zugriff auf gemeinsame Dateien sowie die Arbeit an diesen ermöglichen. Sie stellen dazu Zugriffskonzepte zur Verfügung und geben die Möglichkeit einer Versionierung.[35]

Der dritte zentrale Punkt und somit das dritte K von CSCW-Systemen ist die **Kooperation**. Diese Systeme legen ihren Fokus auf die Unterstützung der Zusammenarbeit. Dabei ist der zentrale Punkt, das gemeinsame Bearbeiten von Dokumenten oder Projekten. Bei den Kooperationssystemen gibt es wieder Systeme, die zeitgleiches oder zeitunabhängiges Erstellen oder Bearbeiten ermöglichen. Für ortsgebundene Arbeit gibt es z.B. speziell ausgestattete Räume mit Rechnerarbeitsplätzen. Für ortsungebundene Arbeit erlauben spezielle Editoren den Gruppenmitgliedern gleichzeitig an Texten zu arbeiten. Andere Systeme ermöglichen die gleichzeitige Nutzung verschiedener Textverarbeitungsprogramme oder das Teilen von Programmen oder des Computerbildschirms mit anderen Teilnehmern, sodass diese zeitgleich darauf zugreifen können. Für das Zusammenarbeiten zu verschiedenen Zeiten gibt es z.B. Wikis, die das

---

[34] Vgl. Gross/ Koch (2009): S. 21-23 und Riemer (2009): S. 10f.
[35] Vgl. Riemer (2009): S. 11.

Sammeln von Wissen und gemeinsame Erstellen und Teilen von Texten ermöglichen.[36]

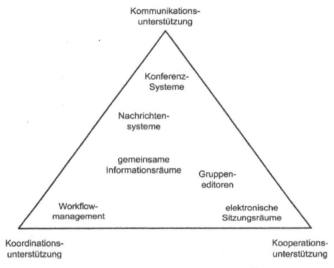

Abbildung 1: Die funktionellen Kategorien im 3K-Modell.[37]

Aufgrund ihrer Wichtigkeit soll hier noch ergänzend auf die **Awareness-Unterstützung** eingegangen werden. Diese kann zwar als Teil bzw. Ergänzung der Kommunikationsunterstützung gesehen werden, ist aber wegen ihres Einflusses auf den Erfolg von Gruppenarbeit ein zentraler Faktor, der hier zur zusätzlichen Klassifizierung von CSCW-Systemen herangezogen werden soll. Bei der Awareness handelt es sich um das Wissen und Verstehen von Informationen über andere Mitglieder und Teilnehmer der Gruppe, potentielle Mitarbeiter oder externe Experten. Gerade bei räumlicher Distanz verschiedener potentieller Mitglieder kann das Bewusstsein für diese dazu beitragen, zusätzliches Know-how und Wissen mit in die Gruppe einzubeziehen. Systeme der Awareness-Unterstützung helfen dabei, Informationen über Personen, deren Arbeit, aktuelle Projekte und Kontaktinformationen zu bündeln und abzurufen. Ebenso informieren sie über die aktuelle Erreichbarkeit der Person. Awareness-Unterstützung hilft dabei, Unsicherheiten bzgl. möglicher anderer Gruppenmitglieder abzubauen und das Bewusstsein für diese zu schaffen. Diese Systeme können als eigenständige Informationsdatenbanken bestehen, sind aber dar-

---

[36] Vgl. Gross/ Koch (2009): S. 23-25 und Riemer (2009): S. 11f.
[37] Gross/ Koch (2009): S. 53.

über hinaus häufig in Systeme zur Kommunikation integriert und schaffen hier die Brücke von bloßer Information über andere potentielle Mitglieder hin zu einer Interaktion und Kommunikation mit diesen.[38]

Trotz der vielen unterschiedlichen Möglichkeiten zur Klassifizierung wurde eine Eingrenzung auf die beiden dargestellten vorgenommen. Sie sind zu einem großen Teil homogen und erlauben deshalb eine parallele Nutzung zur Klassifizierung.

Im nächsten Kapitel wird der Status quo an bestehenden CSCW-Systemen im Angebot des Rechenzentrums der Universität der Bundeswehr (UniBw) München dargestellt. Zudem werden die jeweiligen CSCW-Systeme den beiden dargestellten Klassifikationssystemen zugeordnet.

---

[38] Vgl. ebd.: S. 25-28, 58f.

4 CSCW-Systeme des Rechenzentrums der UniBw

Die Fragestellung der Arbeit zielt auf die aktuelle Nutzung des Angebots und des zukünftigen Bedarfes an CSCW-Systemen des Rechenzentrums der UniBw durch Wissenschaftler ab. Dafür muss jedoch zunächst das aktuelle Angebot ermittelt werden. Dafür ist das Rechenzentrum als zentraler Dienstleister der geeignete Anknüpfungspunkt. In diesem Kapitel werden daher die vom Rechenzentrum bereitgestellten CSCW-Systeme als Ergebnis einer vorab durchgeführten **Dokumentenanalyse** dargestellt, bevor anschließend die Einteilung anhand der ausgewählten Klassifikationssysteme erfolgt.

Das Rechenzentrum der UniBw bietet unterschiedliche **Arbeitsräume und PC-Pools** an. Diese sind für verschiedene Arbeitszwecke ausgestattet, so unterstützen diese Räume zum einen die Lehre, zum anderen aber auch das Arbeiten in Gruppen. Diese Räume können gleichermaßen von Studenten wie auch von Lehr- und Forschungspersonal der Universität zur Durchführung ihrer Aufgaben und Arbeiten genutzt werden. Aufgrund der Ausstattung mit Rechnerarbeitsplätzen, der Ortsgebundenheit und Gleichzeitigkeit lassen sich diese Räume am ehesten den **elektronischen Sitzungsräumen** zuordnen und gehören somit zur **Koordinationsunterstützung**.[39]

Die **Cloud-Dienste** am Rechenzentrum der UniBw sind Angebote externer Partner, die über das Rechenzentrum gesteuert werden. Da diese nicht zum Kernangebot des Rechenzentrums gehören, aber dennoch CSCW-Systeme darstellen, werden sie hier aufgeführt. Als erstes beinhalten die Cloud-Dienste einen **DFN-Terminplaner** zur Terminabsprache und Koordination. Deshalb ist der Terminplaner am ehesten als **Koordinationssystem** zu klassifizieren und im 3K-Modell der **Koordinationsunterstützung** zuzuordnen. Weiterhin beinhalten die Cloud-Dienste **Web-Konferenzen via Adobe Connect**. Hierdurch werden Desktop- sowie Audio- und Videokonferenzen ermöglicht. Der Austausch von gemeinsamen Dateien wird ebenfalls unterstützt. Diese Web-Konferenzen lassen sich als **Konferenzsysteme** klassifizieren und im 3K-Modell als **Kommunikationsunterstützung** verorten. Als dritte CSCW-Komponente des Cloud-Dienstes lässt sich **Gigamove** nennen. Diese Software ist eine Lösung für den Up- und Download großer Datenmengen, die nicht per E-Mail versendet werden

---

[39] Vgl. Rechenzentrum der UniBw München (30.03.2014a).

können. Gigamove ist daher am ehesten als **gemeinsamer Informationsraum** zu klassifizieren und da es sich sehr stark auf den Austausch beschränkt, der **Koordinations-** bzw teilweise der **Kooperationsunterstützung** zuzuordnen. Als letzter Teil der Cloud-Dienste ist **Sync&Share via TeamDrive** geplant, welches eine gemeinsame Datenablage ermöglicht und eine Synchronisation mit unterschiedlichen Endgeräte erlaubt, besonderes Augenmerk liegt dabei auf dem Datenschutz. Aufgrund der gemeinsamen Datenablage und Synchronisation lässt sich Sync&Share als **gemeinsamer Informationsraum** und im 3K-Modell als eine Mischform aus **Kooperations- und Koordinationsunterstützung** einordnen.[40]

Für die zentrale Datenablage, Verwaltung und Versionierung von Dokumenten stellt das Rechenzentrum einen browserbasierten **Dokumentenserver (BSCW)** der OrbiTeam Software GmbH & Co. KG bereit. Diese Datenablage erlaubt es Benutzern, mittels verschiedener Zugriffskonzepte ihre Datenablage bestimmten Benutzergruppen, der Hochschule oder allgemein öffentlich zu machen. Zudem wird es Arbeitsgruppen erlaubt ihre Datenablage zentral zu koordinieren und gemeinsam auf diese zuzugreifen. Dies stellt den Kern des Dokumentenservers dar, welcher aber noch mit anderen, weiterführenden Funktionalitäten ausgestattet ist, welche die Kommunikation und Abstimmung rund um die Datenablage vereinfachen. Gemäß der Kernfunktion des Dokumentenservers lässt sich dieser als ein **gemeinsamer Informationsraum** klassifizieren, seine Position in dem 3K-Modell ist eine **Mischform aller drei K's**, da der Dokumentenserver (BSCW) Funktionen aus allen drei Bereichen des 3K-Modells beinhaltet.[41]

Des Weiteren stellt das Rechenzentrum ein **E-Mail System** zur Verfügung, über das alle mit einer Kennung mit registrierten Mitglieder kommunizieren und sich somit austauschen können. Zusätzlich können vom Rechenzentrum spezielle Verteiler eingerichtet werden, um gezielt mit bestimmten Mitgliedern zu kommunizieren. Zusätzlich kann das E-Mail Postfach nach persönlichen Bedürfnissen konfiguriert werden. Dieses E-Mail System lässt sich in die Anwendungsklasse **Nachrichtensysteme** einsortieren und gehört im 3K-Modell zur **Kommunikationsunterstützung**.[42]

---

[40] Vgl. Rechenzentrum der UniBw München (17.04.2014a).
[41] Vgl. Rechenzentrum der UniBw München (30.03.2014b).
[42] Vgl. Rechenzentrum der UniBw München (30.03.2014c).

Weiterhin bietet das Rechenzentrum die **Groupwarelösung** eGroupware an, welche Fakultäten, Instituten sowie Projekt- und Arbeitsgruppen zur Verfügung steht. Dieses System beinhaltet Module wie z.b. einen Kalender, ein Adressbuch, ein E-Mailsystem, einen Projektmanager sowie Stundenzettel. Eine Dateiverwaltung und MyDMS sind nicht enthalten, da diese mit dem bereits erwähnten Dokumentenserver abgedeckt werden. Für diese Groupwarelösung lässt sich unter den Anwendungsklassen keine klare Klassifizierung vornehmen, da sie die einzelnen Anwendungsklassen nur teilweise und überschneidend abdeckt. Im 3K-Modell lässt sich die vom Rechenzentrum angebotene Groupwarelösung als eine Mischform von **Kommunikations- und Koordinationsunterstützung** einordnen, da sie mit dem E-Mailsystem und dem Adressbuch die Kommunikation abdeckt und mit dem Projektmanager und dem Kalender sowie anderen Funktionen zur Koordination beiträgt. Die Groupwarelösung trägt am meisten zur allgemeinen Verwaltung von Gruppen und deren Tätigkeiten bei und vereint viele unterschiedliche Teilfunktionen anderer Anwendungsklassen.[43]

Die Web-Anwendung **Lehre Studium Forschung (LSF)** dient als zentrale Informations- und Verwaltungsplattform für Veranstaltungen. Mit ihr können Veranstaltungen wie z.b. Lehrveranstaltungen erfasst und verwaltet werden. LSF dient weiterhin zur Verwaltung von Räumen für Veranstaltungen bzw. zur Reservierung von PC-Pools. LSF stellt allen Teilnehmern Informationen zu Veranstaltungen zur Verfügung. Dozenten oder Gruppenleiter können z.b. Informationen und Links zu Arbeitsmaterialien verteilen. Die Anwendung LSF dient bedingt dem Informationsaustausch, vielmehr ist sie eine Plattform zur Koordination des Lehr- und Forschungsbetriebes. LSF lässt sich in der funktionellen Klassifizierung nicht eindeutig zuordnen. Obwohl es Informationen vermittelt ist es im 3K-Modell am ehesten der **Koordinationsunterstützung** zuzuordnen.[44]

Die **Newsgroups**, welche vom Rechenzentrum angeboten werden, sind innerhalb der Universität zugänglich. Sie werden auch Newsforen genannt und dienen dem ortsungebundenen Austausch von Informationen. Innerhalb der einzelnen Newsgroups kann Wissen diskutiert, gespeichert und archiviert werden. Die Newsgroups können von Personen mit einer RZ-Kennung beantragt werden. Aufgrund der öffentlichen Struktur dieser Newsgroups sind diese weniger

---

[43] Vgl. Rechenzentrum der UniBw München (30.03.2014d).
[44] Vgl. Rechenzentrum der UniBw München (17.04.2014b).

zum Speichern und Archivieren von Informationen geeignet, deshalb lassen sich die Newsgroups an der UniBw am besten der Anwendungsklasse **Nachrichtensystem** bzw. im 3K-Modell der **Kommunikationsunterstützung** zuordnen.[45]

Das Rechenzentrum bietet online ein **Telefonbuch** an, das die Nummern und Anschlüsse der gesamten Universität beinhaltet. Da es sich hierbei um eine spezielle Art eines Adressbuchs handelt und es die Kommunikation via Telefon erleichtert, zählt das Telefonbuch zu den **Nachrichtensystemen** bzw. der **Koordinationsunterstützung**.[46]

Des Weiteren wird für die Nutzer des Rechenzentrums ein **Server zur Versionsverwaltung** angeboten. Dieser Server dient hauptsächlich dazu Teilprozesse und unterschiedliche Versionen der Software abzulegen, zu archivieren und mit Subversionen zu arbeiten, die im Entwicklungsprozess anfallen. Dieses Versionsverwaltungssystem kann allerdings auch für andere Daten und Projekte verwendet werden und ist nicht ausschließlich für die Softwareentwicklung gedacht. Arbeitsgruppen haben mit diesem System die Möglichkeit eine erforderliche Versionsverwaltung ihrer Projekte durchzuführen und in Gruppen daran zu arbeiten. Dieser Server lässt sich am ehesten als **gemeinsamer Informationsraum** bezeichnen, weist allerdings auch Züge eines **Koordinationssystem** auf, welches das Erstellen und Bearbeiten von Teilabschnitten erlaubt und über unterschiedliche Versionen einen Workflow abbildet. Im 3K-Modell ist der Server zur Versionsverwaltung der **Koordinationsunterstützung** zuzuordnen, da er den Dateiaustausch, die Versionierung und Zugriffskonzepte ermöglicht. Der Server unterstützt aber auch gemeinsames, orts- und zeitunabhängiges Arbeiten und lässt das Sammeln und Teilen von Wissen zu. Daher ist er auch der **Kooperationsunterstützung** zuzuordnen. Es handelt sich also um eine **Mischform** der zwei genannten K's.[47]

Das Rechenzentrum stellt einen **Videokonferenzdienst** zur Verfügung, der über das Internet bzw. Telefon genutzt werden kann. Die Videokonferenzen können entweder durch eine speziell zur Verfügung gestellte Software vom PC bzw. Laptop oder in einem speziell dafür ausgestatteten Videokonferenzraum des RZ stattfinden. Dabei sind sowohl Konferenzen zwischen zwei Nutzern

---

[45] Vgl. Rechenzentrum der UniBw München (30.03.2014e).
[46] Vgl. Rechenzentrum der UniBw München (30.03.2014f).
[47] Vgl. Rechenzentrum der UniBw München (30.03.2014g).

möglich als auch Konferenzen mit bis zu 10 Teilnehmern. Das Konferenzsystem erlaubt ebenfalls das parallele Anzeigen von Präsentation und Präsentierendem. Somit steht Arbeits- und Projektgruppen ein umfangreiches Konferenzsystem zur Verfügung, das unter die Anwendungsklasse **Computer-, Telefon- bzw. Videokonferenzen** sowie **Desktopkonferenzen** fällt. Im 3K-Modell ist das Konferenzsystem der **Kommunikationsunterstützung** zuzuordnen.[48]

In Kooperation mit den Fakultäten für Pädagogik und Informatik hat das Rechenzentrum 2012 ein **Integriertes Lern-, Informations- und Arbeitskooperations-System (ILIAS)** in Betrieb genommen. Auch wenn die Plattform vorwiegend zur Unterstützung der Lehre etabliert wurde, ermöglicht sie das Zusammenarbeiten in Arbeitsgruppen, z.B. in einem Vorlesungsmodul oder in einem Seminar. Mit ILIAS können u.a. Dokumente ausgetauscht, gespeichert und archiviert werden. Weiterhin bietet ILIAS die Möglichkeit über ein internes Nachrichtensystem mit anderen Nutzern und Gruppenmitgliedern in Kontakt zu treten. Zusätzlich lassen sich Verteilerlisten sowie ein Adressbuch erstellen und pflegen. Ebenso ist über Wikis eine Diskussion sowie das erfassen von Wissen und Informationen möglich. ILIAS lässt sich nicht explizit einer Anwendungsklasse zuordnen, am ehesten ist es ein gemeinsamer Informationsraum mit integriertem Nachrichtensystem. Im 3K-Modell lässt es sich als eine **Mischform** der drei K's ansehen. Durch das Nachrichtensystem, Adressbücher und E-Mailverteiler ist die **Kommunikationsunterstützung** abgedeckt, das Speichern, Teilen und Austauschen von Dateien spricht für eine **Koordinationsunterstützung** und das gemeinsame Bearbeiten von Informationen via Wikis für Elemente einer **Kooperationsunterstützung**.[49]

Abbildung 2 auf der folgenden Seite fasst zusammen, wie die CSCW-Systeme des Rechenzentrums den Klassen der beiden Klassifikationssysteme zugeordnet wurden. Die hier dargestellten CSCW-Systeme stellen das Hauptangebot des Rechenzentrums der UniBw München dar. Von Fakultäten, Institutionen und Organisationen der Universität selbst eingerichtete und beschaffte Systeme wurden nicht berücksichtigt, da der Schwerpunkt auf dem offiziellen Angebot des Rechenzentrums liegt. Die nachfolgende empirische Analyse wird auf Grundlage dieses Kapitels vollzogen.

---

[48] Vgl. Rechenzentrum der UniBw München (30.03.2014h).
[49] Vgl. ILIAS (30.03.2014).

	Funktionelle Klassifizierung						3K-Modell		
	Nachrichtensysteme	Gruppeneditoren	Elektr. Sitzungsräume	Konferenzsysteme	Gem.Informationsräume	Koordinationssysteme	Kommunikation	Koordination	Kooperation
Arbeitsräume und PC-Pools			X					X	
DFN-Terminplaner						X		X	
Adobe Connect				X			X		
Gigamove					X			X	
Sync&Share					X			X	X
Dokumentenserver (BSCW)					X		X	X	X
E-Mailsystem	X						X		
eGroupware					X		X	X	
LSF								X	
Newsgroups	X						X		
Telefonbuch	X						X		
Server zur Versionsverwaltung					X			X	X
Videokonferenzdienst				X			X		
ILIAS							X	X	X

Abbildung 2: Klassifizierung der CSCW-Systeme des Rechenzentrums der UniBw[50]

---

[50] Eigene Darstellung.

5 Empirische Analyse

Nachdem die theoretischen Grundlagen von CSCW dargestellt und die vom Rechenzentrum der UniBW angebotenen CSCW-Systeme durch die Dokumentenanalyse näher betrachtet wurden, stellt sich die Frage, in welchem Umfang Wissenschaftler der Universität der Bundeswehr auf die angebotene Unterstützungssoftware zurückgreifen. Deshalb ist die Bestrebung, Daten zur aktuellen **Nutzung von CSCW-Systemen durch Wissenschaftler beim zentralen Anbieter, dem Rechenzentrum, zu erheben.** Hierfür wurde die Erhebungsmethode des Experteninterviews eingesetzt. Das folgende Unterkapitel stellt diese Erhebungsmethode dar und begründet deren Nutzung.

5.1 Beschreibung der Erhebungsmethode

Zu Beginn der Erhebung stand die Frage nach der geeigneten Erhebungsmethode im Raum. Während standardisierte Verfahren die Vielfalt der Daten durch die Fragebogenerstellung auf quantifizierbare Antwortkategorien eingrenzen, lassen **qualitative Methoden** diese Vielfalt während der Erhebung zu. Erst bei der Aufbereitung und Auswertung erfolgt die Reduktion.[51]

Nach der Entscheidung für ein qualitatives Verfahren, wurde aus der Vielzahl dieser das qualitative Interview ausgewählt, da dieses in Bezug auf kommunikative Inhalte und sozialwissenschaftliche Fragestellungen nahezu **universell einsetzbar** ist.[52] Dennoch gilt zu beachten, dass der Prozess der Erhebung qualitativer Daten komplex ist. Zudem beeinflusst die Subjektivität der Beteiligten die Qualität der erhobenen Daten und bestimmt dadurch auch, welche Auswertungsmöglichkeiten verwendet werden können.[53] Deshalb sind die Ergebnisse immer vor dem Hintergrund ihres Entstehungskontextes zu deuten.[54] Um die Ergebnisse leichter vergleichen zu können, ist das Interviews teilstrukturiert angelegt, indem ein **Interviewleitfaden**[55] verwendet wird.[56]

Diese Form des Interviews, das sog. Leitfadeninterview, eignet sich für größere Stichproben, da der zugrunde liegende Leitfaden die inhaltliche Struktur der

---

[51] Vgl. Helfferich (2011): S. 29.
[52] Vgl. Häder (2010): S. 189.
[53] Vgl. Helfferich (2011): S. 9.
[54] Vgl. ebd. (2011): S. 155.
[55] Siehe Anhang A für den vollständigen Interviewleitfaden.
[56] Vgl. Häder (2010): S. 192.

Interviews standardisiert und dadurch im Rahmen der Auswertung leichter Quervergleiche zwischen allen Interviews möglich sind.[57] Durch das Leitfadeninterview werden verbale Daten gewonnen. Charakteristisch hierfür ist die offene Fragestellung. Somit kann der Befragte frei antworten. Trotzdem werden die gewonnenen Daten durch den Einsatz eines Leitfadens strukturiert. Neben der besseren Vergleichbarkeit der Daten, hat dies den Vorteil, dass keine relevanten Fragen im Interview übersehen werden. Eine weitere Stärke dieser Methode zeigt sich an der **Freiheit des Interviewers**, bei für ihn wesentlich erscheinenden Aspekten im Interview detaillierter nachzufragen. Eine strikte Orientierung am Leitfaden ist also nicht notwendig. Dieser ermöglicht es allerdings, z.B. bei ausschweifenden Antworten, zum Wesentlichen zurückzukehren.[58] Die Offenheit qualitativer Forschung schlägt sich auch im Leitfadeninterview nieder. So soll der Interviewer nicht starr den Leitfaden abhandeln oder im falschen Moment die Ausführungen des Befragten unterbrechen. Trotzdem sollte im Hinblick auf die Interviewzeit und die Auswertung des erzeugten Datenmaterials auf zu weite, themenferne Ausführungen verzichtet werden.[59]

Eine besondere Form des Leitfadeninterviews ist das **Experteninterview** oder auch leitfadengestütztes Experteninterview, welches häufig in der empirischen Sozialforschung genutzt wird.[60] Im Zusammenhang mit dieser Methode ist eine Definition des Experten wichtig. Wer als **Experte** gelten soll, ist in der Literatur nicht genau definiert. Fest steht, dass dies in Abhängigkeit von der Forschungsfrage bestimmt werden muss. Experten werden wegen ihrem **speziellen Status** und dem damit verbundenen fachlichen, abstrakten Expertenwissen und nicht als Privatperson befragt.[61] Sie verfügen auf einem begrenzten Gebiet über ein klares und abrufbares Wissen. Neben dieser Expertise in bestimmten Handlungsbereichen gelten Experten als Repräsentanten einer Gruppe und werden somit nicht als Einzelfall in die Untersuchung einbezogen. Weiterhin zeichnen sich Experten durch die Kenntnis von Informationen über eine Personengruppe aus.[62] Zusammenfassend kann gesagt werden, dass sich Experteninterviews

---

[57] Vgl. Helfferich (2011): S. 179f und Nohl (2012): S. 15.
[58] Vgl. Mayer (2009): S.37.
[59] Vgl. ebd.: S.37f.
[60] Vgl. Liebold/ Trinczek (2009): S. 32.
[61] Vgl. Helfferich (2011): S. 163.
[62] Vgl. Mayer (2009): S.38.

auf einen Personenkreis ausrichten, welcher in Bezug auf das jeweilige For-schungsinteresse spezifisches Wissen mitbringt.[63]

Leitfadengestützte Experteninterviews ermöglichen es, sich an das Experten-wissen der Befragten heranzutasten. Das geschieht durch die **thematische Vorstrukturierung** durch den Leitfaden und die dort verankerte, klar definierte inhaltliche Ausrichtung.[64] So sollen unergiebige Themen ausgeschlossen und der Befragte auf das Expertentum, das er repräsentiert, festgelegt werden.[65] Auch die Auswahl der Experten muss dem thematischen Schwerpunkt wider-spiegeln[66] und somit dem Forschungsinteresse gerecht werden.[67]

Die Konzeption eines Leitfadens führt dazu, dass der Interviewer sich vor dem Interview mit dem Forschungsgegenstand auseinandersetzt und somit dem Ex-perten verdeutlichen kann, dass er mit dem Thema vertraut ist.[68] Ist dies der Fall, wird der Interviewer eher vom Experten als Fragenkommunikator akzep-tiert. Jedoch sollte der Interviewer darauf verzichten, ein Expertenduell zu in-szenieren, welches den eigentlichen Erkenntnisgewinn gefährden könnte.[69]

Durch die vorherige Auseinandersetzung mit dem Thema kann der Interviewer Fragen freier formulieren, ohne sich zu sehr am Leitfaden zu orientieren. Gleichzeitig kann er erkennen, wenn der Experte interessante Aspekte an-spricht und entsprechend nachfragen. Sollte der Experte sich in Themen zu verlieren drohen, die nicht im Forschungsinteresse liegen, bemerkt der Inter-viewer dies eher und kann besser eingreifen und zum Thema zurückführen.[70]

Bezüglich der Gestaltung des Leitfadens gilt, dass dieser bei Experteninter-views stärker strukturiert sein kann. Die Fragen können direkter auf relevante Sachverhalte abzielen und auch thematische Sprünge erlauben.[71] Allerdings sollte der Leitfaden aus Zeitgründen nicht zu viele Fragen umfassen, auch um ein gehetztes Abhaken einzelner Fragen zu vermeiden. Ebenso sollten Fragen nach inhaltlichen Aspekten gebündelt werden, sodass maximal vier Fragenblö-cke entstehen.[72] Am Ende des Interviews sollte dem Experten die Möglichkeit

---

[63] Vgl. Liebold/ Trinczek (2009): S. 33.
[64] Vgl. ebd.: S. 35, 37.
[65] Vgl. Mayer (2009): S.38.
[66] Vgl. Liebold/ Trinczek (2009): S. 37.
[67] Vgl. ebd.: S. 39.
[68] Vgl. Mayer (2009): S.38.
[69] Vgl. Liebold/ Trinczek (2009): S. 54.
[70] Vgl. ebd.: S. 39.
[71] Vgl. Helfferich (2011): S. 179.
[72] Vgl. ebd.: S. 180, 185.

gegeben werden, eigene Aspekte einzubringen. Dies kann dadurch geschehen, dass als Frage zur Beendigung des Interviews gefragt wird, ob relevante Aspekte vergessen wurden oder der Experte Wünsche bzw. Anregungen hat.[73]

Neben den dargestellten Aspekten, die als Stärken des Experteninterviews gelten, gibt es jedoch auch eine Schwäche: Die Anonymität der Experten ist während des Interviews nicht gegeben. Dadurch könnten die gegebenen Antworten nicht der tatsächlichen Meinung des Befragten entsprechen. Sozial erwünschte Aussagen könnten die Folge sein.[74] Um dies abzuschwächen, wurde in den, der vorliegenden Arbeit zugrunde liegenden Interviews explizit auf die Anonymität des Experten hingewiesen.

Nachfolgend wird auf die konkrete Ausgestaltung der Durchführung des Experteninterviews eingegangen.

5.2   Durchführung

Vor dem Hintergrund des Zeitrahmens der Bearbeitung wurde auf eine repräsentative Befragung verzichtet. Vielmehr soll ein Interview **exemplarisch** die Aussagen eines Experten zur aktuellen und zukünftigen Nutzung von Unterstützungssoftware durch Wissenschaftler illustrieren. Auch deshalb eignet sich für die Erhebung das Experteninterview als Methode der qualitativen Forschung, da diese auf das Besondere zielt und die Repräsentativität nicht zwingend voraussetzt.[75] Vielmehr beginnt der mögliche Stichprobenumfang bereits bei der Fallzahl n = 1. Von der Ausnahme der Einzelfallanalyse abgesehen, liegen gängige Stichprobengrößen zwischen sechs und 120 Interviews. Grundsätzlich gilt: Je geringer die Anzahl der Interviews, desto intensiver die Auswertung. Diese wird in dieser Projektarbeit mit der Methode der qualitativen Inhaltsanalyse[76] vollzogen.

Für die Interviews selbst wurde ein Interviewleitfaden[77] entwickelt, der unterschiedliche Fragen zu den beiden Bereichen der aktuellen und der zukünftigen Nutzung von CSCW-Systemen umfasst, wobei der Fokus des explorativen Vor-

---

[73] Vgl. ebd.: S. 181.
[74] Vgl. Konrad (2007): S.30.
[75] Vgl. Helfferich (2011): S. 172f.
[76] Siehe hierzu im Detail Mayring (2010).
[77] Für den vollständigen Interviewleitfaden siehe Anhang A.

gehens auf qualitativen Sachverhalten lag. Der Interviewleitfaden wurde in einem Pretest validiert.

Bei der Auswahl des zu befragenden Experten unterstützte der Betreuer dieser Arbeit, indem er eine **Protagonistenabfrage** an das Rechenzentrum der Universität der Bundeswehr stellte.

Der Experte wurde ca. 50 Minuten vor Ort im Rechenzentrum interviewt. Vor dem Interview wurden die notwendigen Informationen zum Hintergrund der Umfrage gegeben und der Interviewleitfaden ausgehändigt. Während der Befragung wurde zudem auf eine einfache, verständliche Alltagssprache geachtet, um die Interviewten nicht mit wissenschaftlichen Fachbegriffen zu verwirren.[78] Das Interview wurde nach den Themenbereichen des Leitfadens strukturiert, was die Datenaufbereitung im Rahmen der Auswertung erleichterte.[79] Das Gespräch wurden mit Tonband aufgezeichnet, was bei Experteninterviews zwingend erforderlich ist, um die erhobenen Daten systematisch aufbereiten und auswerten zu können. Dadurch kann eine Verzerrung durch die selektive Wahrnehmung des Interviewers während des Gesprächs vermieden und die Qualität der erhobenen Daten sichergestellt werden.[80]

Nachdem die Erhebungsmethode und die Durchführung erläutert wurden, stellt das folgende Kapital die Ergebnisse dar.

5.3   Darstellung der Ergebnisse

In Bezug auf die **aktuelle Nutzung** erstellt das Rechenzentrum der Universität der Bundeswehr **keine regelmäßigen Statistiken**. Vielmehr wird **bedarfsorientiert**, z.B. im Fall von Engpässen, über ein Netzwerk Monitoring System geprüft, wie stark einzelne Services frequentiert werden. Dies ist relativ selten erforderlich, im Schnitt ca. einmal im Jahr. Jedoch wird ein kontinuierliches Server Monitoring betrieben, z.B. um den Bedarf an im Betrieb befindlichen Mailservern zu identifizieren. Jedoch wird auch hierüber keine explizite Statistik erstellt, weswegen auch keine speziellen Auswertungen gemacht werden können.

Zur Evaluation von neuen Diensten, die angeboten werden sollen, aber noch nicht angeboten werden, wird die Nutzung von Alternativen betrachtet. So wird

---

[78]   Vgl. ebd.: S. 176. Der Aufbau der Experteninterviews orientierte sich z.T. an Bortz/ Döring (2006): S. 244-246 und die Durchführung an ebd.: S. 251f, 310f.
[79]   Vgl. Liebold/ Trinczek (2009): S. 43.
[80]   Vgl. ebd.: S. 40f.

z.B. die Nutzung des Dienstes DropBox eruiert, um die Zweckmäßigkeit eines ähnlichen, universitätsinternen Dienstes zu ergründen.

Die aktuelle Nutzung der einzelnen im Angebot befindlichen CSCW-Systeme wird im Folgenden näher betrachtet:

Die **Arbeitsräume bzw. PC-Pools** sind ausgelastet, da teilweise ein Engpass besteht, welcher auf Baumaßnahmen zurückzuführen ist. Als Indikator für die Nutzung können hierfür Benutzungs- und Belegungspläne herangezogen werden. Allerdings geben diese keine Auskunft darüber, von wie vielen Personen die Räume bzw. PC-Pools tatsächlich genutzt werden: Es ist unerheblich, ob z.B. ein PC-Pool wegen einer oder 20 Personen belegt wird.

Für die **Cloud-Dienste** kann keine Aussage getroffen werden, da diese nicht im Rechenzentrum gehostet werden. Vielmehr wird dort nur eine Identifizierungsschnittstelle angeboten. Eine Ausnahme stellt **Sync&Share** dar: Dieser Dienst befindet sich derzeit noch im Pilotbetrieb, wird aber demnächst als Alternative zu DropBox für die Hochschulöffentlichkeit freigegeben. Die derzeit vorhandenen, einhundert Lizenzen sind vollständig ausgelastet. Im Echtbetrieb wird mit ca. tausend Nutzern gerechnet. Eine genauere Analyse der Nutzung ist geplant: Die tatsächliche Nutzung muss erhoben werden, denn die einzelnen Lizenzen verursachen einen monetären Aufwand und der benötigte Speicherplatz muss geplant werden. Eine Nutzerhochrechnung hat ergeben, dass ein ausreichend großer Nutzungsbedarf vorhanden ist und die prognostizierten Kosten tragbar sind. Derzeit wird noch geprüft, ob Studenten fünf oder zehn Gigabyte an Speicher erhalten sollen. Der Grund der Einführung von Sync&Share ist, dass der Alternativdienst Dropbox nicht für den Dienstgebrauch geeignet ist und geschützte Kooperationssysteme immer bedeutsamer werden. Dies könnte der Cloud-Dienst Sync&Share leisten. Zudem ist die Parallelnutzung von mehreren Geräten und den Zugriff via App möglich, weshalb der Datenaustausch zwischen Wissenschaftlern verbessert und erleichtert werden könnte.

Der **Dokumentenserver** ist so stark ausgelastet, dass gerade noch ein Server genügt. Teilweise liegt das an der langsamen Software, jedoch ist auch der Nutzungsgrad hoch. Zwar ist eine genaue Nutzerzahl nicht bekannt, da auch ein öffentlicher Bereich ohne vorherige Registrierung nutzbar ist, dennoch kann anhand der registrierten Benutzer und derjenigen, die einen eigenen Workspace besitzen, auf eine große Nutzerzahl geschlossen werden.

Das **E-Mailsystem** wird von allen Wissenschaftlern genutzt. Derzeit sind hierfür vier parallel laufende Server notwendig, um den Dienst anbieten zu können. Insgesamt werden tausende von Sitzungen parallel gehosteten, was eine hohe Auslastung verursacht. Insbesondere die WebMail-Anwendung wird sehr viel genutzt, obwohl diese gegenüber Clients als eher „träge" gilt. So wird davon ausgegangen, dass mindestens tausend Nutzer im Studentenbereich aus-schließlich die WebMail nutzen. Deshalb soll ein neuer Dienst angeboten werden, der E-Mail bzw. Webmail und Gruppenkalender zusammenfasst.[81]

Der Dienst **eGroupware** wird meist nur als Kalendersystem für Gruppenkalender genutzt, auch wenn er darüber hinaus weitere Funktionalitäten besitzt. Entsprechend wird der Dienst von Studenten relativ selten genutzt, was aber auch nie die Absicht war. Vielmehr ist er für die zentrale Verwaltung und den wissenschaftlichen Bereich gedacht. In Bezug auf letzteren wird von ca. 600 bis 800 Nutzer ausgegangen, die eGroupware als Gruppenkalender nutzen. Derzeit wird die Nutzung des Dienstes genauer analysiert, da davon ausgegangen wird, dass fast alle Nutzer den Kalender ihres Smartphones nutzen. Zudem ist die Synchronisation mit eGroupware unzureichend, weswegen eine alternative Lösung gesucht wird. Im Bewusstsein aktueller Anforderungen wird der Dienst xChange präferiert, der die Integration mobiler Geräte leisten kann und gleichzeitig ein integriertes System aus E-Mail bzw. WebMail und Kalender darstellt.

LSF ist ein System, das primär für Studenten konzipiert ist und von allen Studenten dazu genutzt wird, ihre Noten einzusehen und sich für Module anzumelden. Ansonsten wird LSF von Wissenschaftlern zur Hörsaalreservierung oder zur Einsichtnahme in das Vorlesungsverzeichnis genutzt.

Bezüglich der **Newsgroups** wurde seitens des Rechenzentrums die Überlegung angestellt, diesen Dienst einzustellen. Newsgroups als Dikussions- und Austauschforum sind eines der Angebote, die wahrscheinlich am wenigsten genutzt werden. Dennoch gibt es einige Nutzer, die dort sehr aktiv sind, z.B. um Mitfahrgelegenheiten zu finden. Als Grund für die Aufrechterhaltung eines eigenen Newsserver wurde genannt, dass solche Themen und Threads intern bleiben und nicht in den zahlreichen öffentlichen Foren erscheinen sollen. Wegen der eher geringen Kosten wird der Dienst, der über eine virtuelle Maschine läuft,

---

[81] Dieser Dienst wird voraussichtlich durch xChange umgesetzt. Siehe hierzu die Ausführungen zur eGroupware im nächsten Absatz.

nicht eingestellt. Allerdings scheint es, dass die Zeit der Newsgroups, die früher als schnelles Medium galten, vorbei ist.

Das **Telefonbuch** im Web ist eine häufig genutzte und eine der beliebtesten Anwendungen Dies gilt jedoch mehr für die zentrale Verwaltung und den wissenschaftlichen Bereich als für Studenten. So erhält das Rechenzentrum im Falle des Ausfalls von Website und Telefonbuch schneller Anrufe von Nutzern, die bemerken, dass das Telefonbuch nicht funktioniert als von den Websites. Ein solcher getrennter Ausfall ist möglich, da das Telefonbuch eine Datenbank darstellt, die nur durch das Frontend mit dem Webauftritt verknüpft ist.

Subversion bzw. der **Server zur Versionsverwaltung** hat schätzungsweise um die 400 bis 500 Repositories. Diese sind als kleine Datenbanken anzusehen, in denen Dokumente mit ihren unterschiedlichen Versionen gespeichert werden. Eine durch Check-out und Check-in erzeugte Änderung am Dokument wird jeweils dokumentiert, was der wesentliche Unterschied zu Sync&Share ist. Bei diesem erfolgen die Synchronisation und die Teilung automatisch. Subversion ist eher für Softwareentwickler, dennoch wird der Dienst sehr gut angenommen und eine Sättigung in der Nutzung ist nicht zu erkennen. Pro Woche werden ein bis zwei zusätzliche Nutzer verzeichnet.

Vom Rechenzentrum werden zwei **Videokonferenzdienste** angeboten. Der erste ist Adobe Connect, den jeder auch von zuhause aus nutzen kann. Studenten ist dies jedoch untersagt, um die private Nutzung zu unterbinden. Für Vorlesungen gibt es spezielle Konferenzräume. Die zweite Möglichkeit der Videokonferenz bietet der große Konferenzraum des Rechenzentrums. Dessen Nutzung ist jedoch aufgrund der Tendenz zur Webkonferenz stark rückläufig. Für größere, wichtigere Veranstaltungen wird er jedoch weiterhin genutzt, da die Qualität und die Benutzerfreundlichkeit gegenüber Webkonferenzen wesentlich besser sind. Durchschnittlich werden zwei bis drei Videokonferenzen pro Woche abgehalten.

ILIAS wird ähnlich wie LSF mittlerweile von einem Großteil der Studenten genutzt. Das hat den Hintergrund, dass Materialien für Lehrveranstaltungen nicht mehr wie früher auf dem Dokumentenserver, sondern hauptsächlich in den jeweiligen Arbeitsbereich von ILIAS hochgeladen werden. So kann ILIAS z.B. Dokumente nach Vorlesungen strukturiert bereitstellen und private Räume definieren, in die Teilnehmer eingeladen werden können. Der relativ junge Dienst, hat schätzungsweise zwei- bis dreitausend Nutzer. Tendenziell wird in Zukunft mit steigenden Nutzerzahlen gerechnet.

Die verschiedenen Dienste werden von den **unterschiedlichen Nutzergruppen** relativ gleichmäßig genutzt. Eine Ausnahme stellt Subversion dar, denn dies ist der typische Server für Programmierer und Programmentwickler. Entsprechend ist die Nutzung der technischen Bereiche überproportional hoch. Eine weitere Ausnahme sind die Newsgroups, die meist nur von Studenten genutzt werden.

Die **Nutzung von Alternativen zur Unterstützungssoftware des Rechenzentrums** betrifft insbesondere die Cloud-Dienste. Bekannt sind hier DropBox, GoogleDrive und iCloud. Unproblematisch ist die private Nutzung, um z.b. Vorlesungsunterlagen auszutauschen. Anders ist der dienstliche Gebrauch zu werten, da keine dienstlichen Angelegenheiten über diese Dienste geteilt werden sollten. Mangels eigener Alternativen ist das Rechenzentrum derzeit noch kulant, wird jedoch nach der Einführung von Sync&Share offensive Informationsarbeit betreiben. Dadurch soll die Nutzung externer Dienste eingeschränkt werden, insbesondere im dienstlichen Gebrauch. Anders als bei den Cloud-Diensten, die seitens des Rechenzentrums geduldet werden, sind GoogleServer für GoogleMail gesperrt: Es soll verhindert werden, dass dienstliche Mails vom Server heruntergeladen werden und im jeweiligen GoogleKonto gespeichert werden. Außerdem sollen aus datenschutzrechtlichen Gründen bei Google keine Login-Daten der Wissenschaftler gespeichert werden.

Die **Zufriedenheit der Nutzer von CSCW-Systemen** wird nicht direkt erhoben, weil dies kaum möglich ist. Vielmehr wird auf Probleme reagiert, die über das Ticketsystem gemeldet werden und wegen denen Nutzer unzufrieden sind. Auch Anrufe gehen in das Ticketsystem ein, welches das Instrument für Feedback und Evaluation darstellt. Dabei wird regelmäßig geprüft, ob die Meldungen bzw. Probleme Auswirkungen auf übergeordnete Aspekte haben.

Die **Evaluation der Zweckmäßigkeit der im Angebot befindlichen CSCW-Systeme** findet nicht über Erhebungen oder ähnliches. statt, sondern erfolgt nur indirekt. So wird bei Nutzeranfragen beobachtet, ob sich eine Tendenz aufzeigt, welche Systeme noch fehlen oder zusätzlich gewünscht werden. Das Rechenzentrum prüft dann, ob eine Optimierung notwendig und möglich ist.

Insgesamt ist das Ticket-System das einzige Feedback und Evaluationsinstrument, das auch hilft mit **Beschwerden von Nutzern** umzugehen. So werden einfache Anfragen und Probleme durch den Service Desk bearbeitet, was auch ca. 95 Prozent zutrifft. Die anderen fünf Prozent stellen komplexere Sachverhalte dar und werden an die Fachabteilungen des Rechenzentrums weitergeleitet.

Bezüglich des **zukünftigen Bedarfs** liegen dem Rechenzentrum insbesondere zwei **Verbesserungsvorschläge zu vorhandenen CSCW-Systemen** vor: Einerseits wird eine Groupware-Lösung gewünscht, die E-Mail und E-Mailpostfächer, Kalender und Gruppenkalender sowie die Raumreservierung zusammenfasst. Daran wird bereits gearbeitet, jedoch ist die Infrastruktur sehr komplex. Andererseits besteht der Wunsch nach einem Cloud-Dienst, dem durch Sync&Share entsprochen werden soll.

Bezüglich der **Systeme, an denen Wissenschaftler künftig interessiert sein könnten**, liegen dem Rechenzentrum keine konkreten Anforderungen vor. Zwar treten ab und an kleine Verbesserungswünsche auf, jedoch ist der Bedarf an weiteren Systemen oder großen Änderungen gering. Das zeigt, dass derzeit alle essenziellen Systeme vorhanden sind. Die Nachfrage und der Bedarf der nächsten Jahre werden zeigen, was konkret verändert werden muss. Grundsätzlich sind die meisten Grundfunktionalitäten vorhanden, wenn auch nicht in einem integrierten System. Neue oder innovative CSCW-Systeme werden bisher nicht aktiv nachgefragt.

Ein **integriertes System anstatt verschiedener, einzelner CSCW-Systemen** wird es nicht geben, weil die Software zu komplex und nicht sinnvoll wäre. Dennoch gibt es Integrationsbestrebungen, wie die bereits angesprochene Groupware-Lösung. Diese wäre für Wissenschaftler sinnvoll, weil der Zugriff auf die Software über mehrere Endgeräte erfolgen könnte und alle Daten jederzeit überall verfügbar wären.

In Bezug auf eine **universitätseigene Social Software** für Wissenschaftler ist kein Bedarf bekannt. Fraglich ist auch der Sinn einer solchen Software, denn beispielsweise können in Facebook beliebig große Gruppen entstehen. Dies ist in einer geschlossenen Umgebung wie dem wissenschaftlichen Umfeld der Universität anders. Fraglich ist auch, was eine Social Software an Features bieten könnte, die andere CSCW-Systeme nicht bieten. Wegen diesen Gründen steht keine Social Software auf der Agenda des Rechenzentrums.

Der **steigende Einsatz mobiler Endgeräte seitens der Wissenschaftler** hat einen enormen Einfluss auf den zukünftigen Bedarf: Künftige Software muss in der Lage sein, mobil nutzbar zu sein. Viele Wissenschaftler nutzen mobile Endgeräte, deshalb wird bei allem, was derzeit integriert oder geändert wird, darauf geachtet, dass auch Interfaces zu mobilen Endgeräten vorhanden sind. Das ist nicht immer einfach, aber wird zukünftig definitiv sehr bedeutsam.

In Bezug auf den **Verbesserungsbedarf im Angebot** sieht das Rechenzentrum die Verlagerung von Diensten ins Web als wichtigen Punkt. So sollten zukünftige Dienste cloudfähig sein und müssen auch nicht mehr alle selbst betrieben werden: So können Dienste anderer mitgenutzt werden oder andere können die eigenen Dienste mitnutzen. Wegen der Sonderstellung des Rechenzentrums der Universität der Bundeswehr, kommt der Datensicherheit und dem -schutz eine große Bedeutung zu. Deshalb hat das Rechenzentrum Schwerpunkte, die andere Institutionen nicht haben, wie z.b. die Verschlüsselung von Daten, auch auf den Endgeräten. Gerade bei collaborativen Systemen müssen die Daten geschützt werden, insbesondere vor dem Hintergrund der durch die NSA-Affäre sensibler gewordenen Nutzer. Wegen diesem hohen Bedarf sind auch die diesbezüglichen Fortschritte des Rechenzentrums in diesem Bereich groß.

5.4   Interpretation der Ergebnisse

Der befragte Experte war trotz fehlender, regelmäßig erhobener Nutzerstatistiken zur aktuellen Nutzung der Wissenschaftler auskunftsfähig. Dies ist auf die langjährigen Erfahrungen des Experten im Rechenzentrum der Universität der Bundeswehr und auf die bedarfsorientierten Auswertungen, z.B. im Fall von Engpässen, zurückzuführen. Insgesamt wusste der Experte relativ genau, welche Dienste des Rechenzentrums wie stark ausgelastet sind. Darüber hinaus konnte er Schätzwerte für die Anzahl der Nutzer abgeben.

In Bezug auf das Portfolio an CSCW-Systemen bietet das Rechenzentrum eine Vielzahl an Leistungen an. Die Auslastung der einzelnen Dienste kann als Indikator für die Nutzung dieser aufgefasst werden. Eine besonders hohe Auslastung und somit auch Nutzung durch die Wissenschaftler der Universität der

Bundeswehr zeigt sich bei den Arbeitsräumen bzw. PC-Pools, beim Dokumentenserver und beim E-Mailsystem.

Andere Dienste werden nicht von allen Subgruppen der Wissenschaftler genutzt: Insbesondere auf die Newsgroups wird fast ausschließlich von Studenten zurückgegriffen, um sich über interne Themen auszutauschen. Weiterhin sind LSF sowie ILIAS Dienste, die eher durch Studenten genutzt werden. Andererseits wird auf die Videokonferenzdienste, insbesondere der große Konferenzraum, das Telefonbuch und eGroupware vornehmlich durch den wissenschaftlichen Bereich und eher weniger von Studenten in Anspruch genommen.

Letztgenannter Dienst wird jedoch eher eingeschränkt genutzt, da zumeist nur die Funktion des Gruppenkalenders zum Tragen kommt. Deshalb und wegen der mangelhaften Geeignetheit zur Parallelnutzung mehrerer Endgeräte wird eGroupware derzeit auf den Prüfstand gestellt. Darüber hinaus will das Rechenzentrum durch den in Planung befindlichen Dienst xChange eine aus E-Mail bzw. Webmail sowie einer (Gruppen-)Kalenderfunktion integrierte Alternative schaffen, die dann die beiden bisherigen Dienste des E-Mailsystems und der eGroupware ersetzt. Betrachtet man die Nutzung nach Fachbereich, so zeigt sich eine gleichmäßige Verteilung. Eine Ausnahme ist Subversion. Dieser Dienst wird verstärkt durch Wissenschaftler technischer Fakultäten genutzt.

Die bisher noch nicht angesprochenen Cloud-Dienste sind als Sonderfall anzusehen: Sie werden nicht vom Rechenzentrum selbst gehostet, weshalb keine direkte Aussage zur Nutzung getroffen werden kann. Allerdings zeigt die Verwendung von externen Alternativen, dass Wissenschaftler hier einen großen Bedarf haben. Entsprechend reagiert das Rechenzentrum, indem der Dienst Sync&Share als interner Cloud-Dienst angeboten werden soll. Diese Notwendigkeit zeigt sich vor dem Hintergrund des Datenschutzes und der Datensicherheit. Diese werden z.B. von DropBox nicht gewährleistet, weshalb der Austausch von dienstlichen Daten ein Sicherheitsrisiko darstellt. Durch Sync&Share wird auch dem Trend zur Nutzung mehrerer Endgeräte durch Wissenschaftler Rechnung getragen. Dies gilt ebenso für die verstärkte Nutzung via Smartphone, weshalb der Zugriff über eine App sinnvoll erscheint.

Vor dem Hintergrund des Dienstleistungsgedankens ist festzustellen, dass keine Nutzerbefragungen durchgeführt werden. Dadurch kann nur auf Wünsche und Probleme reagiert werden, welche zumeist mithilfe des Ticketsystems aktiv durch Nutzer an das Rechenzentrum herangetragen werden. Eher passive Nutzer der Gruppe der Wissenschaftler, werden sich deshalb eventuell nicht an das Rechenzentrum wenden und ihre Wünsche äußern. Der tatsächliche Bedarf der Wissenschaftler an Unterstützungssoftware kann dadurch nur indirekt antizipiert werden.

Bezüglich des zukünftigen Bedarfs ist das Rechenzentrum daher etwas weniger auskunftsfähig als zur aktuellen Nutzung. Dieser ist schlichtweg nicht bekannt oder nicht prognostizierbar: Dies könnte daran liegen, dass viele Wissenschaftler die CSCW-Systeme des Rechenzentrums für gegeben hinnehmen und keine Verbesserungsvorschläge machen. Dies sollte insbesondere auf die studentischen Wissenschaftler zutreffen, welche nach wenigen Jahren die Universität wieder verlassen. So kann das Rechenzentrum z.T. nur auf verschiedene Tendenzen und Entwicklungen im technologischen Umfeld reagieren, jedoch kann die Legitimation des Angebots nur indirekt über den Bedarf der Nutzergruppe der Wissenschaftler erfolgen. Liegen Verbesserungsvorschläge vor, so wird jedoch bereitwillig auf diese eingegangen und falls möglich deren Verwirklichung angestrebt. Insgesamt zeigt sich das Rechenzentrum gegenüber Anregungen seitens der Nutzer sehr aufgeschlossen und versucht das umfangreiche Angebot auf dem aktuellen technischen Stand zu halten.

Das Ausbleiben von fundamentalen Beschwerden könnte jedoch als Zufriedenheit der Nutzer gedeutet werden, denn grundsätzlich sind alle für Wissenschaftler wesentlichen Dienste vorhanden oder befinden sich in der Entwicklung. Ist dies nicht der Fall, so zeigt sich dies z.B. daran, dass Wissenschaftler auf externe Alternativen zurückgreifen. Sind dem Rechenzentrum diese bekannt, so kann entsprechend reagiert werden, falls ein ausreichender Bedarf und ein adäquates Kosten-Nutzen-Verhältnis gegeben ist. Nachteilig ist das Reagieren auf die Nutzung externer Alternativen, da eine frühzeitige Evaluation der eigenen Dienste zu einem proaktiven Handeln befähigen könnte. Hinsichtlich der Antworten zum zukünftigen Bedarf ist darüber hinaus zu erkennen, dass ein Verständnis für die Bedürfnisse der Nutzer besteht.

6   Fazit und Handlungsempfehlungen

Die vorliegende Arbeit hatte zum **Ziel**, die aktuelle Nutzung von CSCW-Systemen des Rechenzentrums der Universität der Bundeswehr durch Wissenschaftler zu untersuchen. Gleichfalls sollte erforscht werden, welchen zukünftigen Bedarf Wissenschaftler an der Universität der Bundeswehr im Hinblick auf CSCW-Systeme zur Unterstützung ihrer Zusammenarbeit haben.

Auf Basis einer **Dokumentenanalyse** konnten die CSCW-Systeme des Rechenzentrums in zwei Klassifikationssysteme eingeordnet werden. Darauf aufbauend wurde in einer **empirischen Analyse** ein **Experteninterview** durchgeführt, um auf qualitative Daten zurückgreifen und die Fragestellung beantworten zu können. Auf dieser Grundlage wird in diesem Kapitel nicht nur ein Fazit gezogen, sondern auch einige **Handlungsempfehlungen** abgeleitet.

Insgesamt zeigt sich, dass das Angebot des Rechenzentrums vielseitig ist und umfassend durch Wissenschaftler genutzt wird. Dabei konnte festgestellt werden, dass alle Nutzergruppen gleichmäßig auf das Angebot an CSCW-Systemen zurückgreifen. Lediglich der Server zur Versionsverwaltung wird hauptsächlich von Wissenschaftlern des IT-Bereiches genutzt. Darüber hinaus gibt es Angebote, die eher von Studenten oder vom wissenschaftlichen Bereich genutzt werden. Die angebotenen CSCW-Systeme weisen eine **hohe bzw. ansteigende Auslastung** und somit auch **Nutzung** auf. Eine Ausnahme bilden die Newsgroups: Diese werden, wenn überhaupt, fast ausschließlich von Studenten und zu privaten Zwecken genutzt. Zudem werden nicht alle Funktionalitäten des Dienstes eGroupware genutzt.

Auch wenn dem Rechenzentrum kaum Informationen seitens der Nutzer vorliegen, können die hohe Auslastung und Akzeptanz des Angebotes als Indikator für die Zweckmäßigkeit und die Nutzerzufriedenheit angesehen werden. So sind **alle essenziellen CSCW-Systeme für Wissenschaftler vorhanden**, wobei es eine Ausnahme gibt: Als **Lücke** im Angebot hat das Rechenzentrum durch interne Nutzungsanalysen festgestellt, dass ein interner **Cloud-Dienst** fehlt. Dieser Bedarf konnte identifiziert werden, da viele Angehörige der Universität den externen Dienst DropBox nutzen. Besonders für den militärischen und wissenschaftlichen Gebrauch ist die Nutzung dieser Software nicht geeignet, da die Daten auf externen Servern gespeichert werden. Dies stellt ein Sicherheitsrisiko dar, da aufgrund des speziellen Umfeldes häufig mit vertraulichen und sensiblen Daten gearbeitet wird.

Auf diese Problematik hat das Rechenzentrum reagiert und einen eigenen Cloud-Dienst namens **Sync&Share** mit eigenen internen gehosteten Servern etabliert. Dieser wird im Verlauf des Jahres 2014 für die Angehörigen der Universität zugänglich gemacht und befindet sich derzeit noch im Pilotbetrieb. Als weitere zukünftige Veränderung wird über eine Integration von E-Mailsystem und eGroupware nachgedacht. Hier wird eine kombinierte Lösung angestrebt, um u.a. kooperatives Arbeiten zu erleichtern.

Das **Ticket-System** des Rechenzentrums hilft, Anregungen von Nutzern zu erhalten. Allerdings ist davon auszugehen, dass Wissenschaftler Tickets eher in Problemfällen oder bei vorliegenden Störungen erstellen. Grundsätzliche Wünsche oder Verbesserungsvorschläge werden somit kaum an das Rechenzentrum herangetragen, insbesondere nicht von eher passiven Wissenschaftlern. Dennoch können durch das Ticket-System indirekt Probleme beseitigt, Verbesserungen angestrebt und Bedarfe identifiziert werden.

Abschließend kann zur aktuellen Nutzung die Empfehlung an das Rechenzentrum gerichtet werden, **regelmäßig Nutzerbefragungen** durchzuführen. So würde z.B. eine jährliche Befragung einen eher geringen Aufwand darstellen, insbesondere da die Realisation einer solchen Evaluation z.B. durch Studenten im Rahmen einer Projektarbeit vollzogen werden könnte. Dafür würden sich qualitative Methoden, wie z.B. ein Interview, oder ein standardisierter Fragebogen anbieten. Im Fall von letzterem müsste dieser nur einmal einmal erstellt werden und könnte jedes Jahr in ggf. geringfügig angepasster Form an die Wissenschaftler herangetragen werden. Es wäre so auch möglich, die Umfragen verschiedener Jahre miteinander zu vergleichen sowie diverse Trends und Wünsche zu erkennen und umzusetzen, die möglicherweise nicht bekannt waren.

Gleiches gilt für den **zukünftigen Bedarf**. Auch dieser sollte bei den Wissenschaftler der Universität der Bundeswehr erhoben werden: Zwar sind dem Rechenzentrum einige Verbesserungswünsche bekannt, dennoch könnte die **Kommunikation** zwischen den Wissenschaftlern und dem Rechenzentrum durch eine Befragung **auf regelmäßiger Basis institutionalisiert** werden. Dadurch könnte das Rechenzentrum nicht nur auf Änderungen im technologischen Umfeld reagieren, sondern auch auf die spezifischen Bedürfnisse der Nutzer **proaktiv** eingehen. Derzeit liegen dem Rechenzentrum hier eher wenige Informationen vor, was eine strategische Ausrichtung des zukünftigen Angebots auf den zukünftigen Bedarf erschwert.

Dennoch hat das Interview gezeigt, dass das Rechenzentrum auf **wesentliche technologische und gesellschaftliche Entwicklungen** eingeht. Diese sind u.a. der Trend zu immer mehr **mobilen Endgeräten**, steigende Sensibilität für **Datenschutz** und **Privatsphäre** sowie immer mehr **Cloud-Computing**. Diese Entwicklungen stellen für das Rechenzentrum neue Herausforderungen dar, da dieses mit seiner besonderen Rolle als Dienstleister für Militär, Wissenschaft und Forschung spezielle Anforderungen zu erfüllen hat.

Abschließend gilt zu sagen, dass das Rechenzentrum ein umfassendes Angebot an CSCW-Systemen für die Wissenschaftler zur Verfügung stellt und betreut. An bestehende Entwicklungen passt sich das Rechenzentrum nach eingehender situativer Bedarfsanalyse an. Darüber hinaus ist sich das Rechenzentrum zukünftigen Herausforderungen und Trends bewusst und könnte durch einen über das Ticket-System hinausgehenden Kontakt zu seinen Nutzern wesentlichen Anforderungen der Wissenschaftler noch besser gerecht werden.

Literaturverzeichnis

Borghoff, Uwe M./ Schlichter, Johann H. (1998): Rechnergestützte Gruppenarbeit: Eine Einführung in verteilte Anwendungen, 2. Aufl., Berlin u.a.: Springer.

Bortz, Jürgen/ Döring, Nicola (2006): Forschungsmethoden und Evaluation für Human und Sozialwissenschaftler, 4. Aufl., Heidelberg: Springer.

Gross, Tom/ Koch, Michael (2009): Computer-Supported Cooperative Work, München u.a.: Oldenbourg.

Häder, Michael (2010): Empirische Sozialforschung: Eine Einführung, 2. Aufl., Wiesbaden: VS Verlag für Sozialwissenschaften.

Helfferich, Cornelia (2011): Die Qualität qualitativer Daten: Manual für die Durchführung qualitativer Interviews, 4. Aufl., Wiesbaden: VS Verlag für Sozialwissenschaften/ Springer Fachmedien Wiesbaden.

Konrad, Klaus (2007): Mündliche und schriftliche Befragung: Ein Lehrbuch, 5. Aufl., Landau: Empirische Pädagogik e.V.

Kühl, Stefan/ Strodtholz, Petra/ Taffertshofer, Andreas (Hrsg.) (2009): Handbuch Methoden der Organisationsforschung: Quantitative und Qualitative Methoden, Wiesbaden: Springer Fachmedien.

Liebold, Renate/ Trinczek, Rainer (2009): Experteninterview, in: *Stefan Kühl/ Petra Strodtholz/ Andreas Taffertshofer* (Hrsg.), 2009, S. 32-56.

Mayer, Horst O. (2008): Interview und schriftliche Befragung: Entwicklung, Durchführung und Auswertung, 4. Aufl., München u.a.: Oldenbourg.

Mayring, Philipp (2010): Qualitative Inhaltsanalyse: Grundlagen und Techniken, 11. Aufl., Weinheim: Beltz.

Nohl, Arnd-Michael (2012): Interview und dokumentarische Methode: Anleitungen für die Forschungspraxis, 4. Aufl., Wiesbaden: VS Verlag für Sozialwissenschaften.

Richter, Alexander (2010): Der Einsatz von Social Networking Services in Unternehmen: Eine explorative Analyse möglicher soziotechnischer Gestaltungsparameter und ihrer Implikationen, Wiesbaden: Gabler Verlag/ GWV Fachverlage.

- (2012): Aperto - ein Rahmenwerk zur Auswahl, Einführung und Optimierung von Corporate Social Software, Bd. 2, 1. Aufl., Neubiberg: Forschungsgruppe Kooperationssysteme der Univ. der Bundeswehr München.

Riemer, Kai (2009): eCollaboration: Systeme, Anwendung und aktuelle Entwicklungen, in: *Kai Riemer/ Susanne Strahringer* (Hrsg.), 2009, S. 7-17.

Riemer, Kai/ Strahringer, Susanne (Hrsg.) (2009): eCollaboration: HMD Praxis der Wirtschaftsinformatik, Heidelberg: dpunkt.verlag.

Schwabe, Gerhard (2001): CSCW-Kompendium: Lehr- und Handbuch zum computerunterstützten kooperativen Arbeiten, Berlin u.a.: Springer.

Wilson, Paul (1991): Computer supported cooperative work: An introduction, Oxford u.a.: Intellect.

Internetquellenverzeichnis

Binder, Urs (2007): Computergestützte Zusammenarbeit, in: IT-Magazine Nr. 7, 2007, S. 1-8, unter URL: http://www.itmagazine.ch/Artikel/Seite/26723/0/Computergestuetzte_Zusamm enarbeit.html am 31.03.2014.

ILIAS (30.03.2014): ILIAS@UniBwM - Informationen, unter URL: http://ilias.unibw.de/ilias.php?ref_id=676&cmdClass=ilobjcategorygui&cmdNo de=gu:5q&baseClass=ilrepositorygui am 30.03.2014.

Rechenzentrum der UniBw München:

- **(30.03.2014a):** Arbeitsräume und Pools, unter URL: http://www.unibw.de/rz/dienste/arbeitsraeume-pools am 30.03.2014.

- **(17.04.2014a):** Cloud-Dienste, unter URL: http://www.unibw.de/rz/dienste/cloud/cloud-dienste#shibboleth am 17.04.2014.

- **(30.03.2014b):** Dokumentenserver (BSCW), unter URL: http://www.unibw.de/rz/dienste/dokumentenserver am 30.03.2014.

- **(30.03.2014c):** Email, unter URL: http://www.unibw.de/rz/dienste/email am 30.03.2014.

- **(30.03.2014d):** Groupware, unter URL: http://www.unibw.de/rz/dienste/groupware am 30.03.2014.

- **(17.04.2014b):** Lehre Studium Forschung (LSF), unter URL: http://www.unibw.de/rz/dienste/lsf am 17.04.2014.

- **(30.03.2014e):** Newsinfo, unter URL: http://www.unibw.de/rz/dienste/newsgroups am 30.03.2014.

- **(30.03.2014f):** Telefonbuch, unter URL: https://www.unibw.de/rz/phone/phone?#view am 30.03.2014.

- **(30.03.2014g):** Versionsverwaltung, unter URL: https://www.unibw.de/rz/dienste/versionsverwaltung am 30.03.2014.

- **(30.03.2014h):** Videokonferenz, unter URL: http://www.unibw.de/rz/dienste/videokonferenz am 30.03.2014.

Schlichter, Johann (2010): Computergestützte Gruppenarbeit, München: Institut für Informatik der TU München, unter URL: www.bigigloo.de/wordpress/wp-content/uploads/2011/01/cscw_course_ws1011_21818274.pdf am 31.03.2014.

Anhang A: Interviewleitfaden

Interviewleitfaden zum Thema:

Rechnergestützte Gruppenarbeit an der UniBw München: Analyse der aktuellen Nutzung und des zukünftigen Bedarfs

Diese Projektarbeit ist Teil der Lehrveranstaltung **„Rechnergestützte Gruppenarbeit"** des Studiengangs „Medien und Management". Sie verfolgt das Ziel, mittels Experteninterviews herauszufinden, wie Wissenschaftler der UniBw München Software zur Unterstützung von Zusammenarbeit aktuell und zukünftig nutzen.

Zur Erreichung dieses Ziels wird ein Experte des zentralen Dienstleisters der Universität, dem Rechenzentrum, im Rahmen eines Experteninterviews befragt. Dazu wurde der folgende Interviewleitfaden erstellt.

Im Rahmen der Projektarbeit wurde vorab eine Dokumentenanalyse der Homepage des Rechenzentrums vorgenommen. Dadurch wurden wesentliche Softwarelösungen zur Unterstützung von Zusammenarbeit identifiziert. Diese sind in der nachfolgenden Liste dargestellt, welche der Experte vor dem Interview erhält.

<u>Anmerkungen zum Interview:</u>

- Der Interviewleitfaden verwendeten Begriff „Wissenschaftler" bezieht sich auf Professoren, wissenschaftliche Mitarbeiter und Studenten.
- Die Anonymität wird gewährleistet, falls Sie dies wünschen.

Aktuelle Nutzung:

1. Erheben Sie, in welchem Umfang die CSCW-Systeme des Rechenzentrums von Wissenschaftlern (Studenten, wiss. Mitarbeiter, Professoren) genutzt werden? Was wird erhoben? Wie häufig?

2. Werden anhand der erhobenen Daten spezielle Auswertungen erstellt? Welche? Zu welchem Zweck? Wie häufig?

3. Welche CSCW-Systeme werden häufig genutzt?

4. Welche CSCW-Systeme werden kaum genutzt?

5. Welche Unterschiede in der Nutzung existieren bei verschiedenen Nutzergruppen (z.B. Fakultäten)?

6. Welche Alternativen sind Ihnen bekannt, die Nutzer anstatt der CSCW-Systeme des Rechenzentrums verwenden? Wie gehen Sie damit um?

7. Wird die Zufriedenheit der Nutzer von CSCW-Systemen erhoben? Wie wird diese erhoben? Wie häufig? Was sind die Ergebnisse?

8. Wie evaluieren Sie, ob Nutzer das Angebot an CSCW-Systemen für zweckmäßig erachten?

9. Wie wird mit Problemen und Beschwerden von Nutzern umgegangen?

Zukünftiger Bedarf:

1. Welche Verbesserungsvorschläge von Nutzern liegen Ihnen zu vorhandenen CSCW-Systemen vor?

2. An welchen Systemen könnten Nutzer zukünftig interessiert sein?

3. Welche neuen/innovativen CSCW-Systeme werden aktiv von den Nutzern nachgefragt?

4. Eine integrierte Software verbindet mehrere vorhandene Systeme miteinander, um die Anzahl der zurzeit vorhandenen Systeme zu minimieren bzw. auf einziges System zu reduzieren. Wünschen sich Nutzer eine solche integrierte Software, anstatt der verschiedenen, einzelnen CSCW-Systemen?

5. Wünschen sich die Wissenschaftler eine universitätseigene Social Software, wie z.B. einen universitätsinternen Instant Messenger oder ein eigenes Soziales Netzwerk?

6. Wie wirkt sich der steigende Einsatz mobiler Endgeräte seitens der Wissenschaftler auf den zukünftigen Bedarf an CSCW-Systemen aus?

7. Wo sieht das Rechenzentrum selbst Verbesserungsbedarf im Angebot an CSCW-Systemen?

Vorhandene CSCW-Systeme an der UniBw München:

CSCW-Systeme	Ergänzung/ Streichung
Arbeitsräume und PC-Pools	
Cloud-Dienste (DFN-Terminplaner, Adobe Connect, Gigamove, Sync&Share)	
Dokumentenserver BSCW	
E-Mailsystem	
eGroupware	
LSF	
Newsgroups	
Telefonbuch	
Server zur Versionsverwaltung	
Videokonferenzdienst	
ILIAS	

Wir danke Ihnen herzlich für Ihre Teilnahme und dafür, dass Sie sich die Zeit genommen haben!

www.ingramcontent.com/pod-product-compliance
Lightning Source LLC
LaVergne TN
LVHW042302060326
832902LV00009B/1221